DEVOCIONÁRIO DE SANTO ANTÔNIO

NOVENA
TREZENA
ORAÇÕES DIVERSAS

Pe. Antônio Lúcio, ssp (org.)

DEVOCIONÁRIO DE SANTO ANTÔNIO

NOVENA
TREZENA
ORAÇÕES DIVERSAS

PAULUS

Palavra de Deus
Bíblia Sagrada, Edição Pastoral, PAULUS, 1990.

Palavra de Santo Antônio
Sermões Dominicais
(Domingos depois do Pentecostes)

Editoração, impressão e acabamento
PAULUS

FSC
www.fsc.org
MISTO
Papel produzido a partir de fontes responsáveis
FSC® C108975

1ª edição, 2012
2ª reimpressão, 2014

Rua Francisco Cruz, 229
04117-091 • São Paulo (Brasil)
Fax (11) 5579-3627 • Tel. (11) 5087-3700
www.paulus.com.br • editorial@paulus.com.br

ISBN 978-85-349-3479-4

SANTO ANTÔNIO

13 DE JUNHO

Santo Antônio de Pádua ou de Lisboa nasceu na cidade de Lisboa, em Portugal, no dia 15 de agosto de 1195. Recebeu o nome de batismo de Fernando de Bulhões y Taveiro de Azevedo. Era primogênito de uma família nobre, poderosa e rica, sendo seus pais Martinho de Bulhões e Maria Teresa de Taveiro. Com a idade de 15 anos, abandona seu rico palácio e seus familiares e ingressa na Abadia de São Vicente, na periferia de Lisboa, pertencente aos Cônegos Regulares de Santo Agostinho, a quem deve toda a sua formação intelectual, que o faz um dos homens mais cultos da Igreja, na Europa, nos princípios do século XII. Pouco tempo depois, foi transferido para o Mosteiro de Santa Cruz, em Coimbra, que era a capital do Reino de Portugal.

Com 25 anos de idade, ainda agostiniano, foi ordenado sacerdote em 1220, no Mosteiro de Santa Cruz. Nesse mesmo ano, aconteceu uma grande virada no eixo de sua história: passa de Cônego Regular de Santo Agostinho para a Ordem Franciscana, recebendo o nome de Frei Antônio de

Lisboa (nome do patrono e santo abade Antônio Olivares). Parte logo em seguida para Marrocos, onde pretende realizar seu sonho de ser missionário, a exemplo dos cinco mártires franciscanos assassinados lá. Infelizmente adoeceu na viagem e viu frustrados os seus planos de missionário no meio dos não crentes.

Quando se encontrou um pouco recuperado, viajou para Assis, a fim de participar do Capítulo das Esteiras (eram quase três mil frades espalhados pela planície, dormindo sobre esteiras em pequenas cabanas) em Pentecostes de 1221, e aí teve seu primeiro encontro com são Francisco de

Assis. Antes de dedicar-se à pregação, foi cozinheiro e levou uma vida completamente obscura. Nomeado professor de teologia pelo próprio são Francisco, foi o primeiro franciscano a ensiná-la. Em 1229, foi para o Convento de Arcella, subúrbio de Pádua, onde veio a falecer no dia 13 de junho de 1231, aos 36 anos, e sem ninguém saber como, as crianças saíram pelas ruas de Pádua gritando: "Morreu o frade santo! Morreu santo Antônio!". Foi canonizado no dia 30 de maio de 1232, dia de Pentecostes, pelo papa Gregório IX – que o chamava "arca do Testamento", por causa de seu método de exegese, e também "martelo dos hereges", em cerimônia celebrada na Catedral de Espoleto. Em 10 de janeiro de 1946, o papa Pio XII o proclamou Doutor da Igreja com a especificação de "Doutor Evangélico", o que significa que santo Antônio contribuiu original e autenticamente para a vivência e conhecimento da fé cristã.

São Francisco o chamava "meu bispo", por causa de seu amor à Sagrada Escritura, que o tornava não apenas hábil na argumentação, mas também eficiente na persuasão, porque sabia confirmar com o comportamento o que pregava. A iconografia, que o representa com um livro, faz referência ao seu conhecimento da Sagrada Escritura, como a chama e o coração são símbolos de seu ardor na pregação. A imagem de santo Antônio com o Menino Jesus nos braços quer lembrar a visita divina em um de seus frequentes êxtases.

Santo Antônio, para uns de Lisboa (onde nasceu), para outros de Pádua (onde morreu), é o padroeiro de Portugal e um dos santos mais populares de todo o mundo cristão. É invocado principalmente pelos pobres e sofredores. As esmolas dadas com a finalidade de obter sua intercessão chamam-se "pão de santo Antônio". Sua popularidade advém também do fato de ele ser considerado pela tradição como santo casamenteiro e o santo das coisas perdidas. Moças pedem sua intercessão para realizarem um bom casamento, casais pedem ajuda para manter a família unida. E quem perde qualquer objeto reza o responsório de santo Antônio para reencontrá-lo. Os sermões que deixou escritos atestam a profundidade de sua leitura e o conhecimento da Bíblia.

NOVENA DE SANTO ANTÔNIO

PRIMEIRO DIA

1. Sinal da Cruz

Pelo sinal da santa cruz, livrai-nos, Deus nosso Senhor, dos nossos inimigos. Em nome do Pai e do Filho e do Espírito Santo. Amém.

2. Oração Inicial

Oração para pedir a bênção de Santo Antônio

Santo Antônio me defenda de todos os perigos. Afaste de mim e do meu lar todas as tribulações; me proteja em todos os meus empreendimentos; me inspire na prática do bem e me ajude a alcançar a vida eterna. Amém.

Súplica

Santo Antônio, vós sois um dos grandes amigos de Deus. O mundo inteiro vos venera como o Santo que vivia intimamente com Deus. Vós fostes um grande pregador e missionário de Cristo aos homens de muitas regiões. Muitos corações sedentos de Deus ouviram vossa voz e vossas palavras. Quero contar com vossa proteção nas aflições e necessidades de minha vida. Ajudai-me a viver conforme o vosso modelo e levar aos meus irmãos a mensagem do Evangelho e o amor de Cristo. Amém.

3. Palavra de Deus

"A mão preguiçosa empobrece, mas o braço trabalhador enriquece" (Pr 10,4).

4. Palavra de Santo Antônio

"Se o que tiver bens neste mundo, depois de guardado o necessário para o alimento e o vestido, vir o seu irmão, pelo qual Cristo morreu, padecer necessidade, deve dar-lhe o que sobeja. E se não dá e fecha as suas entranhas ante o seu irmão pobre, digo que peca mortalmente, porque não existe nele a caridade de Deus;

se nele existisse, certo que daria de bom grado ao irmão pobre."

5. Ladainha de Santo Antônio

Senhor, tende piedade de nós.
Senhor, tende piedade de nós.
Jesus Cristo, tende piedade de nós.
Jesus *Cristo, tende piedade de nós.*
Senhor, tende piedade de nós.
Senhor, tende piedade de nós.
Jesus Cristo, ouvi-nos.
Jesus Cristo, ouvi-nos.
Jesus Cristo, atendei-nos.
Jesus Cristo, atendei-nos.

Pai do Céu que sois Deus, *tende piedade de nós.*

Filho, Redentor do mundo, que sois Deus, *tende piedade de nós.*

Espírito Santo, que sois Deus, *tende piedade de nós.*

Santíssima Trindade, que sois um só Deus, *tende piedade de nós.*

Santo Antônio de Lisboa, *rogai por nós.*

Santo Antônio, advogado dos aflitos, *rogai por nós.*

Santo Antônio, discípulo amado de são Francisco, *rogai por nós.*

Santo Antônio, que fizestes extraordinários milagres, *rogai por nós.*

Santo Antônio, que falastes aos peixes, *rogai por nós.*

Santo Antônio, modelo de pureza, *rogai por nós.*
Santo Antônio, modelo de austeridade, *rogai por nós.*
Santo Antônio, dotado de sabedoria, *rogai por nós.*
Santo Antônio, exemplo de caridade, *rogai por nós.*
Santo Antônio, cheio de amor divino, *rogai por nós.*
Santo Antônio, padrão de virtudes, *rogai por nós.*
Santo Antônio, paciente, *rogai por nós.*
Santo Antônio, bondoso, *rogai por nós.*
Santo Antônio, humilde, *rogai por nós.*
Santo Antônio, desprendido dos bens terrenos, *rogai por nós.*

Santo Antônio, que tivestes nos braços o Menino Jesus, *rogai por nós.*
Santo Antônio, amigo dos aflitos, *rogai por nós.*
Santo Antônio, amigo dos necessitados, *rogai por nós.*
Santo Antônio, amigo dos que invocam o vosso auxílio, *rogai por nós.*

Cordeiro de Deus que tirais o pecado do mundo, *perdoai-nos, Senhor.*
Cordeiro de Deus que tirais o pecado do mundo, *atendei-nos, Senhor.*
Cordeiro de Deus que tirais o pecado do mundo, *tende piedade de nós.*

Oremos

Senhor, humildemente vos suplicamos o perdão dos nossos pecados, e auxílio em todas as nossas necessidades espirituais e materiais. Pelos méritos e intercessão do nosso glorioso servo, santo Antônio, possamos nós encontrar, junto do vosso trono de justiça, abrigo e aceitação. Por Cristo, nosso Senhor. Amém.

6. Saudação a Santo Antônio de Pádua

Vos saúdo, Antônio de Pádua, e pela grande fé que tenho em nosso Senhor Jesus Cristo, a quem lealmente servistes, e na sempre Virgem Maria, que tanto amastes, e no dulcíssimo Menino Jesus, que em vosso aposento achastes; pelos trinta e três anos que viveu e depois morreu na Cruz por nosso amor, e pelos três anos que estivestes vós no deserto, desejoso de achar aquele supremo Senhor, que vos apareceu e vos disse estas palavras:

"Antônio, sempre estarei ao vosso lado, selarei vosso coração"; pelo hábito que vestistes, pelo cordão que vos cingia, pelos muitos milagres que Deus tem feito e faz todos os dias por meio de vossa intercessão, pela grande confiança que tenho em vossa intercessão, vos suplico, prostrado em terra, que vos dignes interceder diante de nosso Senhor Jesus Cristo, para que me conceda por vosso intermédio, se me convém, a graça que desejo (*mencionar o favor a pedir*).

Senhor meu Jesus Cristo, pelos méritos de vosso servo Antônio, assim como ressuscitastes os mortos e livrastes a seu pai, concedei-me esta graça pelos méritos e intercessão de vosso servo Antônio, por quem as coisas esquecidas são recordadas, as ausentes se fazem presentes, as perdidas se acham, as justamente propostas são aceitadas e as começadas são acabadas; assim vos rogo, Deus meu potentíssimo, concedei-me aquela graça que desejo, se é conforme a vossa santa vontade.

Reza-se Pai-nosso e Ave-Maria.

Oremos

Deus meu Jesus Cristo, por vossa infinita misericórdia, aquietai as angústias de meu coração, para que, vivendo e morrendo, possa sempre adorar-vos, bendizer-vos e glorificar-vos. Amém.

7. Oração Conclusiva

Deus eterno e todo-poderoso, que destes santo Antônio ao vosso povo como insigne pregador e intercessor em todas as necessidades, fazei-nos, por seu auxílio, seguir os ensinamentos da vida cristã, e sentir a vossa ajuda em todas as provações. Por nosso Senhor Jesus Cristo, vosso Filho, na unidade do Espírito Santo. Amém.

SEGUNDO DIA

1. Sinal da Cruz

Pelo sinal da santa cruz, livrai-nos, Deus nosso Senhor, dos nossos inimigos. Em nome do Pai e do Filho e do Espírito Santo. Amém.

2. Oração Inicial

Oração para pedir a bênção de Santo Antônio

Santo Antônio me defenda de todos os perigos. Afaste de mim

e do meu lar todas as tribulações; me proteja em todos os meus empreendimentos; me inspire na prática do bem e me ajude a alcançar a vida eterna. Amém.

Súplica

Santo Antônio, vós sois um dos grandes amigos de Deus. O mundo inteiro vos venera como o Santo que vivia intimamente com Deus. Vós fostes um grande pregador e missionário de Cristo aos homens de muitas regiões. Muitos corações sedentos de Deus ouviram vossa voz e vossas palavras. Quero contar com vossa proteção nas aflições e necessidades de minha vida. Ajudai-me a viver conforme o vosso modelo e levar aos meus irmãos a mensagem do Evangelho e o amor de Cristo. Amém.

3. Palavra de Deus

"A memória do justo é bendita, mas o nome dos injustos apodrece" (Pr 10,7).

4. Palavra de Santo Antônio

"Ai daqueles que têm cheios de grão e de vinho os celeiros e dois ou três pares de vestidos, e os pobres de Cristo clamam às suas portas de ventre vazio, de corpo nu. E se por acaso se lhes dá alguma coisa, dá-se pouco, e não do melhor, mas do pior. Virá a hora em que também eles clamarão de fora da porta: *Senhor, Senhor, abri-nos;* e ouvirão o que não quiseram ouvir: *Em verdade, em verdade vos digo, não vos conheço. Ide, malditos, para o fogo eterno. O que tapa o seu ouvido,* diz Salomão, *para não ouvir a voz do pobre, ele mesmo clamará e não será ouvido."*

5. Ladainha de Santo Antônio (cf. p. 16-19)

6. Saudação a Santo Antônio de Pádua (cf. p. 20-23)

7. Oração Conclusiva

Deus eterno e todo-poderoso, que destes santo Antônio ao vosso povo como insigne pregador e intercessor em todas as necessidades, fazei-nos, por seu auxílio, seguir os ensinamentos da vida cristã, e sentir a vossa ajuda em todas as provações. Por nosso Senhor Jesus Cristo, vosso Filho, na unidade do Espírito Santo. Amém.

TERCEIRO DIA

1. Sinal da Cruz

Pelo sinal da santa cruz, livrai-nos, Deus nosso Senhor, dos nossos inimigos. Em nome do Pai e do Filho e do Espírito Santo. Amém.

2. Oração Inicial

Oração para pedir a bênção de Santo Antônio

Santo Antônio me defenda de todos os perigos. Afaste de mim e do meu lar todas as tribulações; me proteja em todos os meus empreendimentos; me inspire na prática do bem e me ajude a alcançar a vida eterna. Amém.

Súplica

Santo Antônio, vós sois um dos grandes amigos de Deus. O mundo inteiro vos venera como o Santo que vivia intimamente com Deus. Vós fostes um grande pregador e missionário de Cristo aos homens de muitas regiões. Muitos corações sedentos de Deus ouviram vossa voz e vossas palavras. Quero contar com vossa proteção nas aflições e necessidades de minha vida. Ajudai-me a viver conforme o vosso modelo e levar aos meus irmãos a mensagem do Evangelho e o amor de Cristo. Amém.

3. Palavra de Deus

"A boca do justo é fonte de vida, mas a boca dos injustos esconde violência" (Pr 10,11).

4. Palavra de Santo Antônio

"A tua misericórdia para com o próximo deve ser tripla: se pecou contra ti, perdoa-lhe; se errou do caminho da verdade, instrui-o; se tem fome, dá-lhe de comer."

5. Ladainha de Santo Antônio (cf. p. 16-19)

6. Saudação a Santo Antônio de Pádua (cf. p. 20-23)

7. Oração Conclusiva

Deus eterno e todo-poderoso, que destes santo Antônio ao vosso povo como insigne pregador e intercessor em todas as necessidades, fazei-nos, por seu auxílio, seguir os ensinamentos da vida cristã, e sentir a vossa ajuda em todas as provações. Por nosso Senhor Jesus Cristo, vosso Filho, na unidade do Espírito Santo. Amém.

QUARTO DIA

1. Sinal da Cruz

Pelo sinal da santa cruz, livrai-nos, Deus nosso Senhor, dos nossos inimigos. Em nome do Pai e do Filho e do Espírito Santo. Amém.

2. Oração Inicial

Oração para pedir a bênção de Santo Antônio

Santo Antônio me defenda de todos os perigos. Afaste de mim e do meu lar todas as tribulações; me proteja em todos os meus empreendimentos; me inspire na prática do bem e me ajude a alcançar a vida eterna. Amém.

Súplica

Santo Antônio, vós sois um dos grandes amigos de Deus. O mundo inteiro vos venera como o Santo que vivia intimamente com Deus. Vós fostes um grande pregador e missionário de Cristo aos homens de muitas regiões. Muitos corações sedentos de Deus ouviram vossa voz e vossas palavras. Quero contar com vossa proteção nas aflições e necessidades de minha vida. Ajudai-me a viver conforme o vosso modelo e levar aos meus irmãos a mensagem do Evangelho e o amor de Cristo. Amém.

3. Palavra de Deus

"O ódio provoca rixas, mas o amor cobre todas as ofensas" (Pr 10,12).

4. Palavra de Santo Antônio

"Roguemos ao Senhor Jesus Cristo, pai misericordioso, para que nos infunda a sua misericórdia, para que tenhamos misericórdia para conosco e para com os outros, não julguemos nem condenemos ninguém, perdoemos ao que peca contra nós e demos a todo o que pede o que somos e o que temos. Isso se digne conceder-nos Aquele que é bendito e glorioso pelos séculos dos séculos. Assim seja."

5. Ladainha de Santo Antônio (cf. p. 16-19)

6. Saudação a Santo Antônio de Pádua (cf. p. 20-23)

7. Oração Conclusiva

Deus eterno e todo-poderoso, que destes santo Antônio ao vosso povo como insigne pregador e intercessor em todas as necessidades, fazei-nos, por seu auxílio, seguir os ensinamentos da vida cristã, e sentir a vossa ajuda em todas as provações. Por nosso Senhor Jesus Cristo, vosso Filho, na unidade do Espírito Santo. Amém.

QUINTO DIA

1. Sinal da Cruz

Pelo sinal da santa cruz, livrai--nos, Deus nosso Senhor, dos nossos inimigos. Em nome do Pai e do Filho e do Espírito Santo. Amém.

2. Oração para pedir a bênção de Santo Antônio

Santo Antônio me defenda de todos os perigos. Afaste de mim e do meu lar todas as tribulações; me proteja em todos os meus empreendimentos; me inspire na prática do bem e me ajude a alcançar a vida eterna. Amém.

Súplica

Santo Antônio, vós sois um dos grandes amigos de Deus. O mundo inteiro vos venera como o Santo que vivia intimamente com Deus. Vós fostes um grande pregador e missionário de Cristo aos homens de muitas regiões. Muitos corações sedentos de Deus ouviram vossa voz e vossas palavras. Quero contar com vossa proteção nas aflições e necessidades de minha vida. Ajudai-me a viver conforme o vosso modelo e levar aos meus irmãos a mensagem do Evangelho e o amor de Cristo. Amém.

3. Palavra de Deus

"Para o injusto acontece o que ele teme; para os justos é dado o que eles desejam" (Pr 10,24).

4. Palavra de Santo Antônio

"Afasta-te do mal. Mas não basta afastar-se do mal, se não pratica o bem. Busca a paz, dentro, em ti mesmo. Se a encontrares, sem dúvida alguma terás paz com Deus e com o próximo. E prossegue a paz, com a perseverança final. Os olhos da misericórdia do Senhor estão sobre os que assim procedem e os ouvidos da sua benignidade estão atentos às suas preces."

5. Ladainha de Santo Antônio
(cf. p. 16-19)

6. Saudação a Santo Antônio de Pádua (cf. p. 20-23)

7. Oração Conclusiva

Deus eterno e todo-poderoso, que destes santo Antônio ao vosso povo como insigne pregador e intercessor em todas as necessidades, fazei-nos, por seu auxílio, seguir os ensinamentos da vida cristã, e sentir a vossa ajuda em todas as provações. Por nosso Senhor Jesus Cristo, vosso Filho, na unidade do Espírito Santo. Amém.

SEXTO DIA

1. Sinal da Cruz

Pelo sinal da santa cruz, livrai-nos, Deus nosso Senhor, dos nossos inimigos. Em nome do Pai e do Filho e do Espírito Santo. Amém.

2. Oração para pedir a bênção de Santo Antônio

Santo Antônio me defenda de todos os perigos. Afaste de mim e do meu lar todas as tribulações; me proteja em todos os meus empreendimentos; me inspire na prática do bem e me ajude a alcançar a vida eterna. Amém.

Súplica

Santo Antônio, vós sois um dos grandes amigos de Deus. O mundo inteiro vos venera como o Santo que vivia intimamente com Deus. Vós fostes um grande pregador e missionário de Cristo aos homens de muitas regiões. Muitos corações sedentos de Deus ouviram vossa voz e vossas palavras. Quero contar com vossa proteção nas aflições e necessidades de minha vida. Ajudai-me a viver conforme o vosso modelo e levar aos meus irmãos a mensagem do Evangelho e o amor de Cristo. Amém.

3. Palavra de Deus

"Quando o injusto morre, sua esperança desaparece, e a esperança nas riquezas também desaparece" (Pr 11,7).

4. Palavra de Santo Antônio

"Hoje existirás e amanhã não existirás. Vive, portanto, hoje, como se hoje houveras de morrer. Nada há mais certo do que a morte e nada mais incerto do que a hora da morte."

5. Ladainha de Santo Antônio (cf. p. 16-19)

6. Saudação a Santo Antônio de Pádua (cf. p. 20-23)

7. Oração Conclusiva

Deus eterno e todo-poderoso, que destes santo Antônio ao vosso povo como insigne pregador e intercessor em todas as necessidades, fazei-nos, por seu auxílio, seguir os ensinamentos da vida cristã, e sentir a vossa ajuda em todas as provações. Por nosso Senhor Jesus Cristo, vosso Filho, na unidade do Espírito Santo. Amém.

SÉTIMO DIA

1. Sinal da Cruz

Pelo sinal da santa cruz, livrai-nos, Deus nosso Senhor, dos nossos inimigos. Em nome do Pai e do Filho e do Espírito Santo. Amém.

2. Oração para pedir a bênção de Santo Antônio

Santo Antônio me defenda de todos os perigos. Afaste de mim e do meu lar todas as tribulações; me proteja em todos os meus empreendimentos; me inspire na prática do bem e me ajude a alcançar a vida eterna. Amém.

Súplica

Santo Antônio, vós sois um dos grandes amigos de Deus. O mundo inteiro vos venera como o Santo que vivia intimamente com Deus. Vós fostes um grande pregador e missionário de Cristo aos homens de muitas regiões. Muitos corações sedentos de Deus ouviram vossa voz e vossas palavras. Quero contar com vossa proteção nas aflições e necessidades de minha vida. Ajudai-me a viver conforme o vosso modelo e levar aos meus irmãos a mensagem do Evangelho e o amor de Cristo. Amém.

3. Palavra de Deus

"O homem bondoso faz bem a si mesmo; o homem cruel destrói a si próprio" (Pr 11,17).

4. Palavra de Santo Antônio

"Peçamos, irmãos caríssimos, ao Senhor Jesus Cristo, que lance fora do nosso coração a ira, nos conceda a tranquilidade de consciência, com a qual consigamos amar o próximo com o coração, a boca e as obras e chegar Àquele que é a nossa paz. Auxilie-nos Aquele que é bendito pelos séculos dos séculos. Assim seja."

5. Ladainha de Santo Antônio
(cf. p. 16-19)

6. Saudação a Santo Antônio de Pádua (cf. p. 20-23)

7. Oração Conclusiva

Deus eterno e todo-poderoso, que destes santo Antônio ao vosso povo como insigne pregador e intercessor em todas as necessidades, fazei-nos, por seu auxílio, seguir os ensinamentos da vida cristã, e sentir a vossa ajuda em todas as provações. Por nosso Senhor Jesus Cristo, vosso Filho, na unidade do Espírito Santo. Amém.

OITAVO DIA

1. Sinal da Cruz

Pelo sinal da santa cruz, livrai-nos, Deus nosso Senhor, dos nossos inimigos. Em nome do Pai e do Filho e do Espírito Santo. Amém.

2. Oração para pedir a bênção de Santo Antônio

Santo Antônio me defenda de todos os perigos. Afaste de mim e do meu lar todas as tribulações;

me proteja em todos os meus empreendimentos; me inspire na prática do bem e me ajude a alcançar a vida eterna. Amém.

Súplica

Santo Antônio, vós sois um dos grandes amigos de Deus. O mundo inteiro vos venera como o Santo que vivia intimamente com Deus. Vós fostes um grande pregador e missionário de Cristo aos homens de muitas regiões. Muitos corações sedentos de Deus ouviram vossa voz e vossas palavras. Quero contar com vossa proteção nas aflições e necessidades de minha vida. Ajudai-me a viver conforme o vosso modelo e levar aos meus irmãos a mensagem do Evangelho e o amor de Cristo. Amém.

3. Palavra de Deus

"Cada um se satisfaz com aquilo que fala, mas receberá conforme aquilo que faz" (12,14).

4. Palavra de Santo Antônio

"O invejoso definha no meio de coisas ótimas de outrem. Se se atormenta com a felicidade dos seus, a quem deve desejar felicidade? Que feliz acontecimento poderá alegrá-lo? Quem é mau para os seus, como pode ser bom para os outros?"

5. Ladainha de Santo Antônio (cf. p. 16-19)

6. Saudação a Santo Antônio de Pádua (cf. p. 20-23)

7. Oração Conclusiva

Deus eterno e todo-poderoso, que destes santo Antônio ao vosso povo como insigne pregador e intercessor em todas as necessidades, fazei-nos, por seu auxílio, seguir os ensinamentos da vida cristã, e sentir a vossa ajuda em todas as provações. Por nosso Senhor Jesus Cristo, vosso Filho, na unidade do Espírito Santo. Amém.

NONO DIA

1. Sinal da Cruz

Pelo sinal da santa cruz, livrai--nos, Deus nosso Senhor, dos nossos inimigos. Em nome do Pai e do Filho e do Espírito Santo. Amém.

2. Oração para pedir a bênção de Santo Antônio

Santo Antônio me defenda de todos os perigos. Afaste de mim e do meu lar todas as tribulações; me proteja em todos os meus empreendimentos; me inspire na prática do bem e me ajude a alcançar a vida eterna. Amém.

Súplica

Santo Antônio, vós sois um dos grandes amigos de Deus. O mundo inteiro vos venera como o Santo que vivia intimamente com Deus. Vós fostes um grande pregador e missionário de Cristo aos homens de muitas regiões. Muitos corações sedentos de Deus ouviram vossa voz e vossas palavras. Quero contar com vossa proteção nas aflições e necessidades de minha vida. Ajudai-me a viver conforme o vosso modelo e levar aos meus irmãos a mensagem do Evangelho e o amor de Cristo. Amém.

3. Palavra de Deus

"Quem despreza o seu próximo fracassa, mas quem tem compaixão do pobre é feliz" (Pr 14,21).

4. Palavra de Santo Antônio

"Fala corretamente quem testemunha por ações o que prega com a boca."

5. Ladainha de Santo Antônio (cf. p. 16-19)

6. Saudação a Santo Antônio de Pádua (cf. p. 20-23)

7. Oração Conclusiva

Deus eterno e todo-poderoso, que destes santo Antônio ao

vosso povo como insigne pregador e intercessor em todas as necessidades, fazei-nos, por seu auxílio, seguir os ensinamentos da vida cristã, e sentir a vossa ajuda em todas as provações. Por nosso Senhor Jesus Cristo, vosso Filho, na unidade do Espírito Santo. Amém.

TREZENA DE SANTO ANTÔNIO – I

Súplica

* *Reza-se no início de cada dia.*

Meu querido santo Antônio, Santo dos mais carinhosos, o vosso ardente amor a Deus, as vossas sublimes virtudes e grande caridade para com o próximo vos mereceram durante a vida o poder de fazer milagres espantosos. Nada vos era impossível senão deixar de sentir compaixão pelos que necessitavam da vossa eficaz intercessão. A vós recorremos e vos imploramos que nos obtenhais a graça especial que neste momento pedimos (*pedir a graça desejada*). Oh! bondoso e santo Taumaturgo, cujo coração estava sempre cheio de simpatia pelos homens, enviai as nossas preces ao Menino Jesus, que tanto gostava de repousar nos vossos braços. Uma palavra vossa nos obterá as graças que pedimos.

** Segue-se a meditação de cada dia.*

1º DIA

Invencível santo Antônio, mártir pelo desejo, pelo fervor do amor que vos inflamou com o ardente anseio de derramar o vosso sangue por nosso Senhor Jesus Cristo, invocamos o vosso auxílio para que nos assistais a nós e a todos os agonizantes na hora da nossa morte, e para que obtenhais o eterno descanso para as almas do purgatório.

Reza-se: Pai-nosso, Ave-Maria, Glória ao Pai.

2º DIA

Oh! santo Antônio, grande Doutor da Igreja, que ilustrastes a eterna e imutável verdade tanto pela palavra como pelo exemplo, nós vos imploramos que nos conserveis na fé católica, que convertais os que estão fora da nossa

Igreja e que extirpeis todos os erros e falsidades. Obtende também que os governantes e os magistrados exerçam a justiça com equidade e para o bem do povo.

Reza-se: Pai-nosso, Ave-Maria, Glória ao Pai.

3º DIA

Oh! bondoso consolador santo Antônio! Nunca quem procurou o vosso auxílio deixou de ser atendido. Humildemente vos suplicamos que nos auxilieis, a nós e a todo o mundo, nas calamidades e aflições. Preservai-nos da falta de arrependimento, da covardia e do desespero. Afastai de nós toda a intolerância e toda a discórdia.

Reza-se: Pai-nosso, Ave-Maria, Glória ao Pai.

4º DIA

Santo Antônio, fervoroso adorador de nosso Senhor Jesus Cristo, que ateastes em toda a parte o fogo da caridade perante o qual os demônios fugiam, guardai as nossas almas e os nossos corpos, e defendei-os contra as tentações de Satanás, para que ele não tenha o poder de nos molestar em pensamentos, palavras e obras, e afastai de nós todos os vãos receios e imaginações.

Reza-se: Pai-nosso, Ave-Maria, Glória ao Pai.

5º DIA

Oh! maravilhoso pregador santo Antônio, a cujas poderosas palavras nenhum pecador podia resistir, humildemente vos suplicamos que preserveis os nossos corpos de febres, feridas e doenças infecciosas, e as nossas almas da lepra do pecado.

Reza-se: Pai-nosso, Ave-Maria, Glória ao Pai.

6º DIA

Oh! milagroso Taumaturgo santo Antônio, em quem Deus

manifestou o seu poder, livrai-nos de todas as fraquezas e enfermidades para que possamos sempre glorificar Deus todo-poderoso, sãos de espírito e de corpo, e fortes de alma.

Reza-se: Pai-nosso, Ave-Maria, Glória ao Pai.

7º DIA

Santo Antônio, fiel guia dos viajantes, a quem Deus deu o poder de dominar as tempestades e de acalmar as ondas do mar, preservai-nos a nós e a todos os viajantes dos perigos do mar e da terra, e do naufrágio das nossas almas.

Reza-se: Pai-nosso, Ave-Maria, Glória ao Pai.

8º DIA

Oh! valente confessor santo Antônio, que libertastes das cadeias temporais os corpos dos homens, e das cadeias espirituais as suas almas, libertai os pobres cativos das prisões que não mereceram, e as almas que o pecado escraviza, das trevas dos seus cárceres espirituais, e auxiliai todos os que estão condenados à morte.

Reza-se: Pai-nosso, Ave-Maria, Glória ao Pai.

9º DIA

Oh! branca Flor da Pureza, santo Antônio, que tivestes nos vossos braços virginais Jesus, o Filho de Deus, nós vos suplicamos que nos preserveis a nós, e a todos os que nos pertencem, dos males corporais. Auxiliai também os surdos, os mudos, os cegos, os coxos, os disformes, e alcançai para eles a paciência necessária para suportarem as suas aflições. Ajudai também a preservar o corpo místico da Igreja, e fazei com que todas as nações, com os seus governantes e príncipes, se conservem fiéis ao seu chefe.

Reza-se: Pai-nosso, Ave-Maria, Glória ao Pai.

10º DIA

Fidelíssimo santo Antônio, que desprezastes os bens deste mundo para poderes obter as riquezas de Cristo, ajudai-nos a nunca desejar nada que nos seja prejudicial, preservai-nos de todas as ambições mundanas e obtende-nos que procuremos sempre a graça, e, se a perdermos, não descansemos até recuperá-la.

Reza-se: Pai-nosso, Ave-Maria, Glória ao Pai.

11º DIA

Santo Antônio, poderoso auxiliar, em quem o amor de nosso Senhor Jesus Cristo obra tão grandes maravilhas, invocamos o vosso auxílio em todos os perigos, visíveis e invisíveis. Preservai-nos, pela vossa intercessão, dos nossos inimigos, dos raios, das tempestades, do incêndio e da guerra, e livrai-nos fielmente de todos os perigos da alma e do corpo.

Reza-se: Pai-nosso, Ave-Maria, Glória ao Pai.

12º DIA

Santo Antônio, refúgio universal, nós vos suplicamos que nos socorrais em todas as aflições, na pobreza e na enfermidade. Que socorreis as viúvas e os órfãos, e todos aqueles que vos invocam nas suas necessidades.

Reza-se: Pai-nosso, Ave-Maria, Glória ao Pai.

13º DIA

Oh! glorioso santo Antônio, honra de Portugal, Apóstolo de todas as nações, manifestai-nos o poder milagroso que tem ganho vitórias tão maravilhosas sobre o erro e a descrença, e acendei nos nossos corações a chama da divina caridade e do amor fraterno, a fim de que, unidos no aprisco verdadeiro do Divino Pastor, possamos glorificar Aquele que, com o Pai e o Espírito Santo, vive e reina eternamente. Amém.

Reza-se: Pai-nosso, Ave-Maria, Glória ao Pai.

TREZENA DE SANTO ANTÔNIO – II

Em nome do Pai

Em nome do Pai e do Filho e do Espírito Santo. Amém.

1º DIA

Oração inicial

Deus de misericórdia, aceitai a intercessão do vosso devoto servo santo Antônio, meu protetor. E vós, meu glorioso santo Antônio, intercedei por mim. Fazei que a minha devoção seja sincera. Pedi a Deus que me perdoe todos os pecados, porque me arrependo de todo o coração. E hoje, com toda a confiança, espero alcançar de Deus a graça de que tanto preciso.

Santo Antônio, alcançastes de Deus a ressurreição de mortos. Rogai por todos os agonizantes e pelos nossos queridos mortos.

Oração final

Glorioso santo Antônio, abençoai-me e fazei que essa bênção me ajude a confiar sempre mais em vós e a me conservar sempre fiel à santa e divina vontade de Jesus Cristo, nosso Senhor, a quem seja dada toda glória pelos séculos dos séculos. Amém.

Reza-se: Pai-nosso, Ave-Maria, Glória ao Pai.

2º DIA

Oração inicial

Deus de misericórdia, aceitai a intercessão do vosso devoto servo santo Antônio, meu protetor. E vós, meu glorioso santo Antônio, intercedei por mim. Fazei que a minha devoção seja sincera. Pedi a Deus que me perdoe todos os pecados, porque me arrependo de todo o coração. E hoje, com toda a confiança, espero alcançar de Deus a graça de que tanto preciso.

Santo Antônio, apóstolo incansável do Evangelho, defendei-nos contra os erros e rogai pelo Papa e por toda a Igreja.

Oração final

Glorioso santo Antônio, abençoai-me e fazei que essa bênção me ajude a confiar sempre mais em vós e a me conservar sempre fiel à santa e divina vontade de Jesus Cristo, nosso Senhor, a quem seja dada toda glória pelos séculos dos séculos. Amém.

Reza-se: Pai-nosso, Ave-Maria, Glória ao Pai.

3º DIA

Oração inicial

Deus de misericórdia, aceitai a intercessão do vosso devoto servo santo Antônio, meu protetor. E vós, meu glorioso santo Antônio, intercedei por mim. Fazei que a minha devoção seja sincera. Pedi a Deus que me perdoe todos os pecados, porque me arrependo de todo o coração. E hoje, com toda a confiança, espero alcançar de Deus a graça de que tanto preciso.

Santo Antônio, poderoso amigo do Coração de Jesus, ajudai-nos a pedir perdão a Deus dos pecados que nos pesam na consciência.

Oração final

Glorioso santo Antônio, abençoai-me e fazei que essa bênção me ajude a confiar sempre mais em vós e a me conservar sempre fiel à santa e divina vontade de Jesus Cristo, nosso Senhor, a quem seja dada toda glória pelos séculos dos séculos. Amém.

Reza-se: Pai-nosso, Ave-Maria, Glória ao Pai.

4º DIA

Oração inicial

Deus de misericórdia, aceitai a intercessão do vosso devoto servo santo Antônio, meu protetor. E vós, meu glorioso santo Antônio, intercedei por mim. Fazei que a minha devoção seja sincera. Pedi a Deus que me perdoe todos os pecados, porque me arrependo de todo o coração. E hoje, com toda a confiança, espero alcançar de Deus a graça de que tanto preciso.

Santo Antônio, que expulsais toda maldade, fazei-nos triunfar de toda tentação.

Oração final

Glorioso santo Antônio, abençoai-me e fazei que essa bênção me ajude a confiar sempre mais em vós e a me conservar sempre fiel à santa e divina vontade de Jesus Cristo, nosso Senhor, a quem seja dada toda glória pelos séculos dos séculos. Amém.

Reza-se: Pai-nosso, Ave-Maria, Glória ao Pai.

5º DIA

Oração inicial

Deus de misericórdia, aceitai a intercessão do vosso devoto servo santo Antônio, meu protetor. E vós, meu glorioso santo Antônio, intercedei por mim. Fazei que a minha devoção seja sincera. Pedi a Deus que me perdoe todos os pecados, porque me arrependo de todo o coração. E hoje, com toda a confiança, espero alcançar de Deus a graça de que tanto preciso.

Santo Antônio, lírio de pureza, purificai-nos de toda maldade e livrai nosso corpo de todo perigo.

Oração final

Glorioso santo Antônio, abençoai-me e fazei que essa bênção me ajude a confiar sempre mais em vós e a me conservar sempre fiel à santa e divina vontade de Jesus Cristo, nosso Senhor, a quem seja dada toda glória pelos séculos dos séculos. Amém.

Reza-se: Pai-nosso, Ave-Maria, Glória ao Pai.

6º DIA

Oração inicial

Deus de misericórdia, aceitai a intercessão do vosso devoto servo santo Antônio, meu protetor. E vós, meu glorioso santo Antônio, intercedei por mim. Fazei que a minha devoção seja sincera. Pedi a Deus que me perdoe todos os pecados, porque me arrependo de todo o coração. E hoje, com toda a confiança, espero alcançar de Deus a graça de que tanto preciso.

Santo Antônio, que alcançais a saúde para os enfermos, ajudai-nos em nossas doenças e conservai-nos a saúde.

Oração final

Glorioso santo Antônio, abençoai-me e fazei que essa bênção me ajude a confiar sempre mais em vós e a me conservar sempre fiel à santa e divina vontade de Jesus Cristo, nosso Senhor, a quem seja dada toda glória pelos séculos dos séculos. Amém.

Reza-se: Pai-nosso, Ave-Maria, Glória ao Pai.

7º DIA

Oração inicial

Deus de misericórdia, aceitai a intercessão do vosso devoto servo santo Antônio, meu protetor. E vós, meu glorioso santo Antônio, intercedei por mim. Fazei que a minha devoção seja sincera. Pedi a Deus que me perdoe todos os pecados, porque me arrependo de todo o coração. E hoje, com toda a confiança, espero alcançar de Deus a graça de que tanto preciso.

Santo Antônio, guia dos viajantes, conduzi ao porto da salvação os que andam errantes no mar agitado desta vida, ou correm perigo de pecar. Acalmai o mar agitado das paixões que nos perturbam o coração.

Oração final

Glorioso santo Antônio, abençoai-me e fazei que essa bênção me ajude a confiar sempre mais em vós e a me conservar sempre fiel à santa e divina vontade de Jesus Cristo, nosso Senhor, a quem seja dada toda glória pelos séculos dos séculos. Amém.

Reza-se: Pai-nosso, Ave-Maria, Glória ao Pai.

8º DIA

Oração inicial

Deus de misericórdia, aceitai a intercessão do vosso devoto servo santo Antônio, meu protetor. E vós, meu glorioso santo Antônio, intercedei por mim. Fazei que a minha devoção seja sincera. Pedi a Deus que me perdoe todos os pecados, porque me arrependo de todo o coração. E hoje, com toda a confiança, espero alcançar de Deus a graça de que tanto preciso.

Santo Antônio, que dais liberdade aos cativos, livrai-nos da escravidão do pecado.

Oração final

Glorioso santo Antônio, abençoai-me e fazei que essa bênção me ajude a confiar sempre mais em vós e a me conservar sempre fiel à santa e divina vontade de Jesus Cristo, nosso Senhor, a quem seja dada toda glória pelos séculos dos séculos. Amém.

Reza-se: Pai-nosso, Ave-Maria, Glória ao Pai.

9º DIA

Oração inicial

Deus de misericórdia, aceitai a intercessão do vosso devoto servo santo Antônio, meu protetor. E vós, meu glorioso santo Antônio, intercedei por mim. Fazei que a minha devoção seja sincera. Pedi a Deus que me perdoe todos os pecados, porque me arrependo de todo o coração. E hoje, com toda a confiança, espero alcançar de Deus a graça de que tanto preciso.

Santo Antônio, que alcançais para crianças, jovens e anciãos a recuperação de braços e pernas paralisados, conservai-nos o uso perfeito dos sentidos do corpo e faculdades da alma.

Oração final

Glorioso santo Antônio, abençoai-me e fazei que essa bênção me ajude a confiar sempre mais em vós e a me conservar sempre fiel à santa e divina vontade de Jesus Cristo, nosso Senhor, a quem seja dada toda glória pelos séculos dos séculos. Amém.

Reza-se: Pai-nosso, Ave-Maria, Glória ao Pai.

10º DIA

Oração inicial

Deus de misericórdia, aceitai a intercessão do vosso devoto servo santo Antônio, meu protetor. E vós, meu glorioso santo Antônio, intercedei por mim. Fazei que a minha devoção seja sincera. Pedi a Deus que me perdoe todos os pecados, porque me arrependo de todo o coração. E hoje, com toda a confiança, espero alcançar de Deus a graça de que tanto preciso.

Santo Antônio, que nos ajudais a encontrar coisas perdidas, fazei que achemos de novo tudo o que perdemos na vida espiritual e corporal.

Oração final

Glorioso santo Antônio, abençoai-me e fazei que essa bênção me ajude a confiar sempre mais em vós e a me conservar sempre fiel à santa e divina vontade de Jesus Cristo, nosso Senhor, a quem seja dada toda glória pelos séculos dos séculos. Amém.

Reza-se: Pai-nosso, Ave-Maria, Glória ao Pai.

11º DIA

Oração inicial

Deus de misericórdia, aceitai a intercessão do vosso devoto servo santo Antônio, meu protetor. E vós, meu glorioso santo Antônio, intercedei por mim. Fazei que a minha devoção seja sincera. Pedi a Deus que me perdoe todos os pecados, porque me arrependo de todo o coração. E hoje, com toda a confiança, espero alcançar de Deus a graça de que tanto preciso.

Santo Antônio, protegido pela Virgem Maria, afastai de nós todo perigo da alma e do corpo.

Oração final

Glorioso santo Antônio, abençoai-me e fazei que essa bênção me ajude a confiar sempre mais em vós e a me conservar sempre fiel à santa e divina vontade de Jesus Cristo, nosso Senhor, a quem seja dada toda glória pelos séculos dos séculos. Amém.

Reza-se: Pai-nosso, Ave-Maria, Glória ao Pai.

12º DIA

Oração inicial

Deus de misericórdia, aceitai a intercessão do vosso devoto servo santo Antônio, meu protetor. E vós, meu glorioso santo Antônio, intercedei por mim. Fazei que a minha devoção seja sincera. Pedi a Deus que me perdoe todos os pecados, porque me arrependo de todo o coração. E hoje, com toda a confiança, espero alcançar de Deus a graça de que tanto preciso.

Santo Antônio, que socorreis todo necessitado, assisti-nos em nossas necessidades, dai pão aos que têm fome e proporcionai trabalho aos desempregados e salário digno aos trabalhadores.

Oração final

Glorioso santo Antônio, abençoai-me e fazei que essa bênção me ajude a confiar sempre mais em vós e a me conservar sempre fiel à santa e divina vontade de Jesus Cristo, nosso Senhor, a quem seja dada toda glória pelos séculos dos séculos. Amém.

Reza-se: Pai-nosso, Ave-Maria, Glória ao Pai.

13º DIA

Oração inicial

Deus de misericórdia, aceitai a intercessão do vosso devoto servo santo Antônio, meu protetor. E vós, meu glorioso santo Antônio, intercedei por mim. Fazei que a minha devoção seja sincera. Pedi a Deus que me perdoe todos os pecados, porque me arrependo de todo o coração. E hoje, com toda a confiança, espero alcançar de Deus a graça de que tanto preciso.

Santo Antônio, nós proclamamos reconhecidos o vosso maravilhoso poder diante de Jesus, e vos agradecemos, pedindo vossa assistência em todos os dias de nossa vida.

Oração final

Glorioso santo Antônio, abençoai-me e fazei que essa bênção me ajude a confiar sempre mais em vós e a me conservar sempre fiel à santa e divina vontade de Jesus Cristo, nosso Senhor, a quem seja dada toda glória pelos séculos dos séculos. Amém.

Reza-se: Pai-nosso, Ave-Maria, Glória ao Pai.

TREZE TERÇAS-FEIRAS EM HONRA DE SANTO ANTÔNIO

1ª TERÇA-FEIRA

Rogo-vos, bendito santo Antônio, que me façais participante das incontáveis misericórdias que concedeis a quantos vos invocam com devoção e confiança. Amoroso santo Antônio, que desprezastes as vaidades do mundo, fazei que eu ame a Deus e me dedique às coisas de seu serviço.

Reza-se: Pai-nosso, Ave-Maria.

Caritativo protetor dos que a vós acudem, já que haveis recebido o dom de fazer milagres, trabalhai em minha conversão, afastai de mim e de todos os que me são queridos as enfermidades, as adversidades e as desgraças, e pela virtude de vossas orações atraí sobre mim e todos os meus as bênçãos do céu. Amém.

2ª TERÇA-FEIRA

Rogo-vos, bendito santo Antônio, que me façais participante das incontáveis misericórdias que concedeis a quantos vos invocam com devoção e confiança. Angélico santo Antônio, lírio de incontável pureza, consegui-me do Senhor que vença todas as tentações.

Reza-se: Pai-nosso, Ave-Maria.

Caritativo protetor dos que a vós acudem, já que haveis recebido o dom de fazer milagres, trabalhai em minha conversão, afastai de mim e de todos os que me são queridos as enfermidades, as adversidades e as desgraças, e pela virtude de vossas orações atraí sobre mim e todos os meus as bênçãos do céu. Amém.

3ª TERÇA-FEIRA

Rogo-vos, bendito santo Antônio, que me façais participante

das incontáveis misericórdias que concedeis a quantos vos invocam com devoção e confiança. Bendito santo Antônio, amigo da penitência, alcançai-me que, com voluntários sacrifícios, pague por minhas faltas.

Reza-se: Pai-nosso, Ave-Maria.

Caritativo protetor dos que a vós acudem, já que haveis recebido o dom de fazer milagres, trabalhai em minha conversão, afastai de mim e de todos os que me são queridos as enfermidades, as adversidades e as desgraças, e pela virtude de vossas orações atraí sobre mim e todos os meus as bênçãos do céu. Amém.

4ª TERÇA-FEIRA

Rogo-vos, bendito santo Antônio, que me façais participante das incontáveis misericórdias que concedeis a quantos vos invocam com devoção e confiança. Admirável santo Antônio, espelho de obediência, obtende-me que sempre me conforme com a vontade de Deus.

Reza-se: Pai-nosso, Ave-Maria.

Caritativo protetor dos que a vós acudem, já que haveis recebido o dom de fazer milagres, trabalhai em minha conversão, afastai de mim e de todos os que me são queridos as enfermidades, as adversidades e as desgraças, e pela virtude de vossas orações atraí sobre mim e todos os meus as bênçãos do céu. Amém.

5ª TERÇA-FEIRA

Rogo-vos, bendito santo Antônio, que me façais participante das incontáveis misericórdias que concedeis a quantos vos invocam com devoção e confiança. Sereníssimo santo Antônio, joia de pobreza, atendei por amor de Jesus e de Maria a mim e aos necessitados.

Reza-se: Pai-nosso, Ave-Maria.

Caritativo protetor dos que a vós acudem, já que haveis recebido o dom de fazer milagres, trabalhai em minha conversão, afastai de mim e de todos os que me são queridos as enfermidades, as adversidades e as desgraças, e pela virtude de vossas orações atraí sobre mim e todos os meus as bênçãos do céu. Amém.

6ª TERÇA-FEIRA

Rogo-vos, bendito santo Antônio, que me façais participante das incontáveis misericórdias que concedeis a quantos vos invocam com devoção e confiança. Compassivo santo Antônio, exemplo de humildade, alcançai-me a firme submissão à Igreja e a todo superior.

Reza-se: Pai-nosso, Ave-Maria.

Caritativo protetor dos que a vós acudem, já que haveis recebido o dom de fazer milagres, trabalhai em minha conversão, afastai de mim e de todos os que me são queridos as enfermidades, as adversidades e as desgraças, e pela virtude de vossas orações atraí sobre mim e todos os meus as bênçãos do céu. Amém.

7ª TERÇA-FEIRA

Rogo-vos, bendito santo Antônio, que me façais participante das incontáveis misericórdias que concedeis a quantos vos invocam com devoção e confiança.

Amável santo Antônio, consolador dos aflitos, rogai por quantos sofrem para que se vejam livres de seus males ou se resignem em sua desgraça.

Reza-se: Pai-nosso, Ave-Maria.

Caritativo protetor dos que a vós acudem, já que haveis recebido o dom de fazer milagres, trabalhai em minha conversão, afastai de mim e de todos os que me são queridos as enfermidades, as adversidades e as desgraças, e pela virtude de vossas orações atraí sobre mim e todos os meus as bênçãos do céu. Amém.

8ª TERÇA-FEIRA

Rogo-vos, bendito santo Antônio, que me façais participante das incontáveis misericórdias que concedeis a quantos vos invocam com devoção e confiança. Zeloso santo Antônio, defensor da inocência e castigador do vício, alcançai-me que vos seja agradável.

Reza-se: Pai-nosso, Ave-Maria.

Caritativo protetor dos que a vós acudem, já que haveis recebido o dom de fazer milagres, trabalhai em minha conversão, afastai de mim e de todos os que me são queridos as enfermidades, as adversidades e as desgraças, e pela virtude de vossas orações atraí sobre mim e todos os meus as bênçãos do céu. Amém.

9ª TERÇA-FEIRA

Rogo-vos, bendito santo Antônio, que me façais participante das incontáveis misericórdias que concedeis a quantos vos invocam com devoção e confiança. Amantíssimo santo Antônio, forno de ardente caridade, alcançai-me vivas ânsias de trabalhar pela glória do Senhor.

Reza-se: Pai-nosso, Ave-Maria.

Caritativo protetor dos que a vós acudem, já que haveis recebido o dom de fazer milagres, trabalhai em minha conversão, afastai de mim e de todos os que me são queridos as enfermidades, as adversidades e as desgraças, e pela virtude de vossas orações atraí sobre mim e todos os meus as bênçãos do céu. Amém.

10ª TERÇA-FEIRA

Rogo-vos, bendito santo Antônio, que me façais participante das incontáveis misericórdias que concedeis a quantos vos invocam com devoção e confiança. Incomparável santo Antônio, luzeiro que ilumina os pecadores, obtende-me que jamais ofenda a Deus.

Reza-se: Pai-nosso, Ave-Maria.

Caritativo protetor dos que a vós acudem, já que haveis recebido o dom de fazer milagres, trabalhai em minha conversão, afastai de mim e de todos os que me são queridos as enfermidades, as adversidades e as desgraças, e pela virtude de vossas orações atraí sobre mim e todos os meus as bênçãos do céu. Amém.

11ª TERÇA-FEIRA

Rogo-vos, bendito santo Antônio, que me façais participante das incontáveis misericórdias que concedeis a quantos vos invocam com devoção e confiança. Inocente santo Antônio, zelador da justiça, livrai-me das tentações do demônio, e de todo mal.

Reza-se: Pai-nosso, Ave-Maria.

Caritativo protetor dos que a vós acudem, já que haveis recebido o dom de fazer milagres, trabalhai em minha conversão, afastai de mim e de todos os que me são queridos as enfermidades, as adversidades e as desgraças, e pela virtude de vossas orações atraí sobre mim e todos os meus as bênçãos do céu. Amém.

12ª TERÇA-FEIRA

Rogo-vos, bendito santo Antônio, que me façais participante

das incontáveis misericórdias que concedeis a quantos vos invocam com devoção e confiança. Perfeitíssimo santo Antônio, que fazei achar as coisas perdidas, obtende-me que leve minha cruz e ganhe o céu.

Reza-se: Pai-nosso, Ave-Maria.

Caritativo protetor dos que a vós acudem, já que haveis recebido o dom de fazer milagres, trabalhai em minha conversão, afastai de mim e de todos os que me são queridos as enfermidades, as adversidades e as desgraças, e pela virtude de vossas orações atraí sobre mim e todos os meus as bênçãos do céu. Amém.

13ª TERÇA-FEIRA

Rogo-vos, bendito santo Antônio, que me façais participante das incontáveis misericórdias que concedeis a quantos vos invocam com devoção e confiança. Santíssimo e generosíssimo santo Antônio, semeador de milagres, pretegei-me com vossa intercessão em todo o curso de minha vida.

Reza-se: Pai-nosso, Ave-Maria.

Caritativo protetor dos que a vós acudem, já que haveis recebido o dom de fazer milagres, trabalhai em minha conversão, afastai de mim e de todos os que me

são queridos as enfermidades,
as adversidades e as desgraças,
e pela virtude de vossas orações
atraí sobre mim e todos os meus
as bênçãos do céu. Amém.

SEMANA DEDICADA A SANTO ANTÔNIO

DOMINGO

Ó meu Deus, prostrados aos vossos pés, eu vos imploro encarecidamente colocar dentro do meu coração a viva e ativa fé que caracteriza santo Antônio. Eu ainda não perdi a fé que recebi no santo Batismo, mas penso que é muito fraca. Através da vossa graça e através da intercessão do meu protetor, santo Antônio, eu desejo a partir de agora mostrar-me como vosso verdadeiro discípulo.

Ó poderoso santo Antônio, rogai por nós.

SEGUNDA-FEIRA

Ó glorioso santo Antônio, meu poderoso defensor, em razão da confiança e do amor que tenho colocado em vós, dignai-vos lançar vosso olhar amoroso sobre mim. Ó grande Santo, que tens trabalhado para dispensar tantos milagres e graças em favor de todos aqueles que vos invocam, eu vos suplico que também tenhais piedade de mim, vosso devoto, que estou em tão grande necessidade.

Ó poderoso santo Antônio, rogai por nós.

TERÇA-FEIRA

Se caridade é uma marca distintiva dos vossos discípulos de verdade, ó Senhor, então devo confessar que tenho até agora estado longe de ser um dos vossos seguidores. Tenho a honra de propor, através da vossa graça e através da intercessão do meu protetor, santo Antônio, que eu mude, que tente amar, perdoar e ajudar o meu vizinho, em cada ocasião.

Ó poderoso santo Antônio, rogai por nós.

QUARTA-FEIRA

Vós, ó meu Deus, dignado a fornecer-me com o instrumento de oração como infalível uma eterna fonte de riquezas e uma arma poderosa contra os meus espirituais inimigos, eu, por negligência e preguiça, até agora, não tenho feito uso próprio deste rico e gratuito tesouro. Por favor, perdoai-me, pois a partir de agora tenho a intenção de imitar o querido santo Antônio, de rezar com mais frequência e mais fervorosamente.

Ó poderoso santo Antônio, rogai por nós.

QUINTA-FEIRA

Quantas vezes, ó meu Senhor, no meio de desvios e tristezas da vida, eu tenho oscilado ao longo das vossas promessas e colocado a minha confiança nos homens e não em vós. Tende piedade de mim, um pobre pecador, e através da intercessão do glorioso santo Antônio, o meu advogado, fortalecei a minha esperança e me ajudai na minha presente necessidade.

Ó poderoso santo Antônio, rogai por nós.

SEXTA-FEIRA

Com quanta fraqueza eu vos amava, ó meu Senhor, apesar das contínuas provas do vosso amor por mim. Por favor, apagai dentro do meu coração a afeição por todas as coisas deste mundo e acendei nele uma centelha da caridade que queimava dentro do coração de santo Antônio, para que, vos amando com todo o meu coração, eu possa merecer vossas bênçãos aqui na terra e felicidade no céu.

Ó poderoso santo Antônio, rogai por nós.

SÁBADO

Se, ó meu Deus, reservais vossos olhares de aprovação apenas para almas inocentes, então eu deveria afastar-me sempre de vós, de modo a não ofender vossa vista. Mas aonde posso ir, longe de vós? Por favor, purificai meu coração e, através da intercessão de santo Antônio, lírio da pureza, limpai a minha alma de toda a mancha para que eu possa aparecer perante vós sem receio pelos meus pecados.

Ó poderoso santo Antônio, rogai por nós.

LADAINHA DE SANTO ANTÔNIO POR COISAS PERDIDAS

Senhor, tende piedade. *Senhor, tende piedade.*
Cristo, tende piedade. *Cristo, tende piedade.*
Senhor, tende piedade. *Senhor, tende piedade.*

Pelos que têm perdido a saúde. *Santo Antônio, rogai por nós.*
Nossa paz e sossego. *Santo Antônio, rogai por nós.*
Nossa casa. *Santo Antônio, rogai por nós.*
Nossa segurança financeira. *Santo Antônio, rogai por nós.*

A um ser querido. *Santo Antônio, rogai por nós.*
A esperança. *Santo Antônio, rogai por nós.*
Nossos sonos. *Santo Antônio, rogai por nós.*
Nosso talento. *Santo Antônio, rogai por nós.*
Nosso céu inicial. *Santo Antônio, rogai por nós.*
Nossa temperança. *Santo Antônio, rogai por nós.*
Nossa fé. *Santo Antônio, rogai por nós.*
Nossa dignidade. *Santo Antônio, rogai por nós.*
Nossa perspectiva. *Santo Antônio, rogai por nós.*
Nossa inocência. *Santo Antônio, rogai por nós.*

Nossa liberdade. *Santo Antônio, rogai por nós.*

A paz em nossas famílias. *Santo Antônio, rogai por nós.*

A paz em nossa sociedade. *Santo Antônio, rogai por nós.*

Nossa confiança nos outros. *Santo Antônio, rogai por nós.*

Nossa virtude. *Santo Antônio, rogai por nós.*

Nosso lugar seguro. *Santo Antônio, rogai por nós.*

Mencione aqui sua coisa perdida. *Santo Antônio, rogai por nós.*

Cordeiro de Deus, que tirais o pecado do mundo, *salvai-nos, ó Senhor.*

Cordeiro de Deus, que tirais os pecados do mundo, *ouvi-nos, ó Senhor.*

Cordeiro de Deus, que tirais para longe os pecados do mundo, *tende piedade de nós.*

– Rogai por nós, ó abençoado Antônio. Aleluia.

– Que nós possamos ser dignos das promessas de Cristo. Aleluia.

Oremos

Deus, todo amor e bondade, que nos tens dado a santo Antônio como santo patrono das coisas perdidas, suplicamos por meio deste glorioso intercessor vossa misericórdia. Escutai sua voz quando clama a vós a nosso favor e concedei-nos aquilo que nos ajuda a crescer em vosso amor. Amém.

O SANTO DAS COISAS PERDIDAS

Essa tradição é antiquíssima, encontrando-se menção dela no famoso responsório "Si qüéris" (se procurais), extraído do ofício rimado de Juliano de Espira. Popularmente, o "Siquaeris" é mencionado como uma oração taumaturga para encontrar objetos perdidos. A crença pode estar ligada a episódios como este, da vida de santo Antônio. Quando ensinava teologia aos frades em Montpeilier, na França, um noviço fugiu da Ordem levando consigo o Saltério de Frei Antônio, com preciosas anotações pessoais que utilizava nas suas lições. O Santo rezou pedindo a Deus para dar um jeito de reaver o livro e foi atendido deste modo: enquanto o fugitivo ia passando por uma ponte, foi subitamente tomado pelo pavor, parecendo-lhe ver o demônio na sua frente, que o intimava: "Ou você devolve o Saltério ao Frei Antônio ou vou jogá-lo dentro do rio!". Assustado e arrependido, o jovem voltou ao convento com o Saltério e confessou ao Santo sua culpa.

RESPONSÓRIO DE SANTO ANTÔNIO – I

Se milagres desejais,
recorrei a santo Antônio;
vereis fugir o demônio
e as tentações infernais.
Recupera-se o perdido,
rompe-se a dura prisão
e no auge do furacão
cede o mar embravecido.
Todos os males humanos
se moderam, se retiram,
digam-no aqueles que o viram,
e digam-no os paduanos.

Repete-se: *Recupera-se o perdido...*

Pela sua intercessão
foge a peste, o erro, a morte,
o fraco torna-se forte
e o enfermo torna-se são.

Repete-se: *Recupera-se o perdido...*

Glória ao Pai e ao Filho e ao Espírito Santo, como era no princípio agora e sempre. Amém.

Repete-se: *Recupera-se o perdido...*

– Rogai por nós, santo Antônio.
– Para que sejamos dignos das promessas de Cristo.

Oremos

Ó Deus, nós vos suplicamos, que alegreis os vossos fiéis com os milagres de santo Antônio, vosso confessor e doutor. Assim fortalecidos na terra com os auxílios do grande Santo, consigam todos alcançar as alegrias eternas junto a vós. Por Jesus Cristo, vosso Filho, na unidade do Espírito Santo. Amém.

RESPONSÓRIO DE SANTO ANTÔNIO – II

Saiba quem busca milagres,
que os enfermos sara Antônio,
afugenta o erro e a morte,
calamidade e demônio.

Prisões e mares lhe cedem,
saúde e coisas perdidas,

são aos mancebos e aos velhos
por ele restituídas.

Necessidades, perigos, faz cessar
entre os humanos,
diga-o quem o experimentou,
e mormente os paduanos.

Prisões e mares lhe cedem,
saúde e coisas perdidas,
são aos mancebos e aos velhos
por ele restituídas.

Glória ao Pai e ao Filho e ao Espírito Santo.

Prisões e mares lhe cedem,
saúde e coisas perdidas,
são aos mancebos e aos velhos
por ele restituídas.

– Rogai por nós, bem-aventurado santo Antônio.
– Para que sejamos dignos das promessas de Cristo.

Oremos

Alegrai, Senhor, vossa Igreja, pela intercessão votiva de vosso confessor, o glorioso santo Antônio, para que se fortaleça sempre com espirituais auxílios, e mereça desfrutar a felicidade eterna. Por Jesus Cristo Senhor nosso. Amém.

RESPONSÓRIO DE SANTO ANTÔNIO – III

Santo Antônio de Pádua, que em Pádua nasceste e em Portugal te criaste; onde pregou o Senhor, tu pregastes. Estando pregando, o Senhor te revelou que a teu santo pai iam enforcar. Desceste do púlpito para ir salvar. O santo breviário perdeste, a Virgem Maria o encontrou e três vezes te disse: "Beato Antônio, Beato Antônio, Beato Antônio, volta atrás que o santo breviário encontrarás". Pelos milagres que tens feito de levar o menino Deus em teus braços, te peço: Que o perdido seja achado, que o afastado seja encontrado.

– Rogai por nós, bem-aventurado santo Antônio.
– Para que sejamos dignos das promessas de Cristo.

Oremos

Alegrai, Senhor, vossa Igreja, pela intercessão votiva de vosso confessor, o glorioso santo Antônio, para que se fortaleça sempre com espirituais auxílios, e mereça desfrutar a felicidade eterna. Por Jesus Cristo Senhor nosso. Amém.

LADAINHA DE SANTO ANTÔNIO

Senhor, tende piedade de nós. *Senhor, tende piedade de nós.*
Cristo, tende piedade de nós. *Cristo, tende piedade de nós.*
Senhor, tende piedade de nós. *Senhor, tende piedade de nós.*
Jesus, ouvi-nos. *Jesus, ouvi-nos.*
Jesus, atendei-nos. *Jesus, atendei-nos.*

Deus pai celestial, *tende piedade de nós.*
Deus Filho, Redentor do mundo, *tende piedade de nós.*
Deus Espírito Santo, *tende piedade de nós.*

Santíssima Trindade, que sois um só Deus, *tende piedade de nós.*

Santo Antônio de Pádua, *rogai por nós.*
Santo Antônio, íntimo amigo do Menino Deus, *rogai por nós.*
Santo Antônio, Servo da Mãe Imaculada, *rogai por nós.*
Santo Antônio, fiel Filho de São Francisco, *rogai por nós.*
Santo Antônio, homem da santa oração, *rogai por nós.*
Santo Antônio, amigo da pobreza, *rogai por nós.*
Santo Antônio, lírio de castidade, *rogai por nós.*
Santo Antônio, modelo de obediência, *rogai por nós.*

Santo Antônio, amante da vida oculta, *rogai por nós.*

Santo Antônio, depreciador da glória humana, *rogai por nós.*

Santo Antônio, rosa de caridade, *rogai por nós.*

Santo Antônio, espelho de todas as virtudes, *rogai por nós.*

Santo Antônio, sacerdote segundo o Coração do Altíssimo, *rogai por nós.*

Santo Antônio, imitador dos apóstolos, *rogai por nós.*

Santo Antônio, mártir de desejo, *rogai por nós.*

Santo Antônio, coluna da Igreja, *rogai por nós.*

Santo Antônio, amante cuidadoso das almas, *rogai por nós.*

Santo Antônio, propugnador da fé, *rogai por nós.*
Santo Antônio, doutor da verdade, *rogai por nós.*
Santo Antônio, batalhador contra a falsidade, *rogai por nós.*
Santo Antônio, arca do testamento, *rogai por nós.*
Santo Antônio, trombeta do Evangelho, *rogai por nós.*
Santo Antônio, Apóstolo dos pecadores, *rogai por nós.*
Santo Antônio, extirpador dos crimes, *rogai por nós.*
Santo Antônio, reabilitador dos criminosos, *rogai por nós.*
Santo Antônio, reformador dos procedimentos, *rogai por nós.*

Santo Antônio, conquistador dos Corações, *rogai por nós.*
Santo Antônio, auxílio dos aflitos, *rogai por nós.*
Santo Antônio, terror dos demônios, *rogai por nós.*
Santo Antônio, ressuscitador dos mortos, *rogai por nós.*
Santo Antônio, restituidor das coisas perdidas, *rogai por nós.*
Santo Antônio, glorioso taumaturgo, *rogai por nós.*
Santo Antônio, santo do mundo inteiro, *rogai por nós.*
Santo Antônio, Glória da Ordem dos Menores, *rogai por nós.*
Santo Antônio, alegria da corte celestial, *rogai por nós.*

Santo Antônio, amável patrono nosso, *rogai por nós.*

Cordeiro de Deus que tirais o pecado do mundo, *perdoai-nos, Senhor.*
Cordeiro de Deus que tirais o pecado do mundo, *escutai-nos, Senhor.*
Cordeiro de Deus que tirais o pecado do mundo, *tende piedade de nós.*

– Rogai por nós santo Antônio de Pádua.
– Para que sejamos dignos das promessas de Cristo.

Oremos

Alegrai, Senhor Deus, a vossa Igreja na solenidade votiva de santo Antônio, confessor e doutor vosso, para que sempre se encontre fortalecida com socorros espirituais e mereça alcançar as alegrias eternas. Por Jesus Cristo nosso Senhor. Amém.

LADAINHA DE SANTO ANTÔNIO, FILHO DE SÃO FRANCISCO

Senhor, tende piedade de nós.
Senhor, tende piedade de nós.
Cristo, tende piedade de nós.
Cristo, tende piedade de nós.

Senhor, tende piedade de nós.
Senhor, tende piedade de nós.
O Cristo, nos ouça. *O Cristo, nos ouça.*
O Cristo, graciosamente nos atenda. *O Cristo, graciosamente nos atenda.*

Ó Deus, o Pai do céu, *tende piedade de nós.*
Ó Deus, o Filho, Redentor do mundo, *tende piedade de nós.*
Ó Deus, o Espírito Santo, *tende piedade de nós.*
Ó Santíssima Trindade, um Deus, *tende piedade de nós.*

Santa Maria, *orai por nós.*
Virgem Imaculada, *orai por nós.*
Mãe e Senhora da nossa Ordem, *orai por nós.*

Santo Antônio de Pádua, *rogai por nós.*

Santo Antônio, glória dos Frades Menores, *rogai por nós.*

Santo Antônio, filho maior de são Francisco, *rogai por nós.*

Santo Antônio, amigo do Santo Menino Jesus, *rogai por nós.*

Santo Antônio, devoto de Nossa Senhora, *rogai por nós.*

Santo Antônio, mensageiro do Sagrado Coração, *rogai por nós.*

Santo Antônio, santo profeta de Deus, *rogai por nós.*

Santo Antônio, médico de verdade divina, *rogai por nós.*

Santo Antônio, pregador da graça, *rogai por nós.*

Santo Antônio, detentor das Escrituras, *rogai por nós.*

Santo Antônio, Arca da Aliança, *rogai por nós.*

Santo Antônio, martelo dos hereges, *rogai por nós.*

Santo Antônio, o terror dos infiéis, *rogai por nós.*

Santo Antônio, horror dos espíritos malignos, *rogai por nós.*

Santo Antônio, pesquisador da consciência, *rogai por nós.*

Santo Antônio, consolador do aflito, *rogai por nós.*

Santo Antônio, delicado dos santos, *rogai por nós.*

Santo Antônio, exemplo de obediência, *rogai por nós.*

Santo Antônio, gema de pobreza, *rogai por nós.*

Santo Antônio, lírio de castidade, *rogai por nós.*

Santo Antônio, máximo de paciência, *rogai por nós.*

Santo Antônio, violeta da humildade, *rogai por nós.*

Santo Antônio, apóstolo do Salvador, *rogai por nós.*

Santo Antônio, mártir no desejo, *rogai por nós.*

Santo Antônio, confessor da fé, *rogai por nós.*

Santo Antônio, virgem na alma, *rogai por nós.*

Santo Antônio, localizador de coisas perdidas, *rogai por nós.*

Santo Antônio, ajudante de todos os que o invocam, *rogai por nós.*

Cordeiro de Deus, que tirais o pecado do mundo, *salvai-nos, ó Senhor.*

Cordeiro de Deus, que tirais os pecados do mundo, *ouvi-nos, ó Senhor.*

Cordeiro de Deus, que tirais para longe os pecados do mundo, *tende piedade de nós.*

– Rogai por nós, ó abençoado Antônio. Aleluia.

– Que nós possamos ser dignos das promessas de Cristo. Aleluia.

Oremos

Onipotente e eterno Deus, que tendes glorificado vosso fiel confessor e doutor Antônio com o perpétuo dom de operar milagres, graciosamente concedei-nos pois estamos confiantes de que o que procuramos através de seus méritos poderemos certamente receber por sua intercessão. Por Cristo, nosso Senhor. Amém.

SAUDAÇÃO A SANTO ANTÔNIO

Eu vos saúdo, Antônio, santo de Pádua, por aquelas orações que no campo fizestes, confessando e pregando a fé de Cristo nosso Senhor; por aqueles três anos que no monte orastes, e perdendo o breviário, foi achado pelo menino Jesus; pela revelação que tivestes para ir libertar vosso pai de falsos testemunhos, acusado e condenado à morte, de que o livrastes; livrai-me, glorioso Santo, de falsos testemunhos, das más companhias e de condenações injustas; e por aquelas graças que pedistes ao Senhor que o perdido se achasse, o esquecido fosse recordado, o proposto se aceitasse e o começado se acabasse, vos suplico me alcances do Senhor e alegre meu coração, concedendo-me a graça que vos peço, se é vossa santa vontade, com a qual me conformo totalmente.

Reza-se: Três Pai-nossos ao Menino Jesus, três Ave-Marias à Virgem Maria e três Glória ao Pai.

Oremos

Deus meu Jesus Cristo, por vossa infinita misericórdia aquietai as angústias de meu coração, para que, vivendo e morrendo, possa sempre adorar-vos, bendizer-vos e glorificar-vos. Amém.

INFALÍVEL ORAÇÃO A SANTO ANTÔNIO

Ó santo Antônio, lírio dentre os santos, vosso amor a Deus e caridade por vossos irmãos fizeram-vos digno, quando na terra, de possuir poderes milagrosos. Incentivado por esse pensamento, eu vos imploro que obtenhais para mim (*apresentar o pedido*).

Ó gentil e amoroso santo Antônio, cujo coração estava sempre cheio de simpatia humana, faça meu pedido aos ouvidos do doce Menino Jesus, a quem carregastes com amor em vossos braços, e em gratidão entrego o meu coração ao Menino Jesus, pelos benefícios que vos concedeu, ó querido santo Antônio. Amém.

ORAÇÃO DE LIBERTAÇÃO A SANTO ANTÔNIO DE PÁDUA

Fazendo o sinal da cruz ou segurando uma cruz, dirás com muito fervor:

Eis aqui a Cruz do Senhor, †
fugi, potestades inimigas: †
O Leão de Judá descendente de
David, †
tem vencido. Aleluia.

Oremos

A vós, santo Antônio, cheio de amor a Deus e aos homens, que tivestes a sorte de estreitar entre vossos braços o Menino-Deus, a vós cheio de confiança, recorro na presente tribulação que me acompanha (*dizer qual a tribulação*). Peço-vos também por meus irmãos mais necessitados, pelos que sofrem, pelos oprimidos, pelos marginalizados, pelos que hoje mais necessitam de vossa proteção. Fazei que nos amemos todos como irmãos, que no mundo haja amor e não ódios. Ajudai-nos a viver a mensagem de Cristo. Vós, em presença do Senhor Jesus, não cesseis de interceder a ele, com ele, por ele, a nosso favor ante o Pai. Amém.

ORAÇÃO EFICAZ A SANTO ANTÔNIO

Lembrai-vos, ó glorioso santo Antônio, amigo do Menino Jesus e filho querido de Maria Imaculada, que nunca se ouviu dizer que alguns daqueles que têm recorrido a vós e implorado a vossa proteção tenha sido abandonado. Animado de igual confiança, venho a vós, ó fiel consolador dos aflitos! Gemendo sob o peso dos meus pecados, prostro-me a vossos pés, e, pecador como sou, ouso aparecer diante de vós. Não rejeiteis, pois, a minha súplica, vós, tão poderoso junto do Coração de Jesus, mas escutai-a favoravelmente, e dignai-vos atendê-la. Assim seja.

ORAÇÃO A SANTO ANTÔNIO PELOS POBRES

Altíssimo e Sapientíssimo Senhor do mundo, dos céus e da terra, que tudo conheceis e tudo governais suave e fortemente.

Excelentíssimo Criador de céus e terra, que mostrais a grandeza de vosso poder nas coisas grandes e a perfeição de vosso governo nas coisas pequenas.

Vigilantíssimo Governador do universo, sem cuja permissão não cai nem um fio de cabelo de nossas cabeças, nem uma folha de nossas árvores.

Bondosíssimo Dono, que vestis de esplêndidas roupas as ervas do campo e dais de comer às aves do céu.

Amantíssimo pai que, para que os ricos deem seu pão aos pobres, os estimulais com vossas palavras, os ameaçais com vossas inimizades e lhes premiais suas caridades com inumeráveis favores.

Nós vos suplicamos que atendais aos rogos que vos dirigimos por meio de vosso servo santo Antônio, para que tenhais providência conosco para nosso bem, nos concedais todas as graças temporais que nos convenham e, sobretudo, ordeneis nossa vida conforme toda caridade contigo e com teus pobres, para salvação e santificação de nossas almas.

ORAÇÃO DIÁRIA DOS DEVOTOS DE SANTO ANTÔNIO

Eu vos saúdo, santo Antônio, e me regozijo nos favores que nosso Senhor livremente vos tem outorgado.

Eu recordo especialmente vosso momento de alegria quando o Divino Menino Jesus aceitou abraçar-vos com ternura.

Oh, que grande felicidade e alegria terá enchido vosso coração nessa ocasião!

Por esta especial prerrogativa e pela alegria de vossa beatífica visão, que agora tendes ao vê-lo frente a frente, rogo, suplico e imploro.

Ó querido santo Antônio, que me ajudeis em minhas aflições, problemas e ansiedades, particularmente referente a (*mencionar o problema ou o pedido*).

Deixai que vosso coração se comova para interceder por mim, para escutar e responder-me.

Dizei ao Senhor dos desejos e necessidades de teu devoto.

Uma palavra, um olhar de vosso coração que tanto ama o Menino Jesus coroaria de êxito e me encheria de alegria e de gratidão. Amém.

Santo Antônio, a quem o Menino Jesus amou e honrou, concedei o que vos peço.

Santo Antônio, poderoso em palavra e ação, concedei o que vos peço.

Santo Antônio, sempre disposto a ajudar aos que vos invocam, concedei meu pedido. Amém.

– Rogai por nós, santo Antônio.
– Para que sejamos dignos das promessas de Cristo.

Oremos

Ó Deus, que vos dignastes escolher santo Antônio como modelo de todas as virtudes para a bênção de toda a humanidade, e tendes convertido muitas almas através de seus sermões e bom exemplo, concedei que por seus méritos e intercessão possa verdadeiramente converter-me, renunciar ao pecado e a todo desejo de pecar, e fazer-me cada vez mais e mais do vosso agrado pela prática da verdadeira virtude. Por Jesus Cristo nosso Senhor. Amém.

ORAÇÃO A SANTO ANTÔNIO, OFERECENDO ESMOLA PARA O PÃO DOS POBRES

Ó admirável Santo Antônio, glorioso pelos grandes milagres realizados, que merecestes ter nos braços o Menino Jesus, obtende-me de vossa bondade a graça que ardentemente desejo.

Vós que fostes tão misericordioso com os pecadores, não olheis meus pecados, mas sim a glória de Deus, que será uma vez mais exaltada por vós, e a salvação de minha alma, unida à súplica que agora solicito com tanto fervor (*pede-se o favor*). Seja para vós como uma prenda de minha gratidão a promessa de uma vida mais conforme os ensinamentos do Evangelho e me consagrarei ao alívio dos pobres de vós tão amados. Abençoai minha promessa e alcançai-me a perseverança até a morte. Assim seja.

CONSAGRAÇÃO A SANTO ANTÔNIO

Ó grande e bem-amado Santo Antônio de Pádua! Vosso amor a Deus e ao próximo e vosso exemplo de vida cristã fizeram de vós um dos maiores santos da Igreja. Eu vos suplico tomar sob vossa proteção valiosa minhas ocupações, empreendimentos e toda a minha vida. Estou persuadido de que nenhum mal poderá atingir-me enquanto estiver sob vossa proteção. Protegei-me e defendei-me: sou um pobre pecador. Recomendai minhas necessidades e apresentai-vos como meu medianeiro a Jesus, a quem tanto amais. Por vosso mérito, ele aumente minha fé e caridade, console-me nos sofrimentos, livre-me de todo mal e não me deixe sucumbir na tentação. Ó Deus poderoso, livrai-me de todo perigo do corpo e da alma. Auxiliado continuamente por vós, possa viver cristãmente e santamente morrer.

CONSAGRAÇÃO DOS MENINOS A SANTO ANTÔNIO

No dia em que morreu santo Antônio, os meninos saíram gritando pelas ruas: "Está morto o santo, está morto o santo!".

Desde então, as famílias cristãs adotaram a tradição de consagrar seus filhos ao santo de Pádua, para que ele os proteja durante toda a sua vida dos perigos da alma e do corpo e lhes preserve sua pureza e inocência.

Oração

V: Nosso auxílio está no nome do Senhor.
R: Que fez o céu e a terra.
V: Nosso Deus é misericordioso.
R: O Senhor protege aos pequenos.
V: Senhor, escutai nossa oração.
R: E chegue a vós nossa súplica.

Senhor Jesus Cristo, filho de Deus vivo que, gerado antes de todos os séculos, quisestes fazer-vos menino no tempo e amais a inocência desta idade; que abraçastes com amor os meninos a vós apresentados e os abençoastes; e que em forma de menino descansastes nos braços de vosso servo santo Antônio de Pádua: derramai sobre este menino a abundância de vossas bênçãos e fazei que a malícia não corrompa seu entendimento e concedei-lhe, pela intercessão do mesmo santo Antônio, a cuja proteção o confiamos, que, progredindo com a idade em sabedoria e graça, possa sempre agradar-vos. Vós que viveis e reinais com Deus Pai na unidade do Espírito Santo e sois Deus pelos séculos dos séculos. Amém. *(Se for possível, aspergem-se os meninos com água benta.)*

A paz e a bênção de Deus todo-poderoso, Pai e Filho e Espírito Santo, desçam sobre ti e te acompanhe sempre. Amém.

CINCO MINUTOS DIANTE DE SANTO ANTÔNIO

Há quanto tempo te esperava, ó alma devota, pois bem conheço as graças de que necessitas e que queres que eu peça ao Senhor. Estou disposto a fazer tudo por ti. Mas, filho, dize-me uma a uma todas as tuas necessidades, pois desejo ser o intermediário entre tua alma e Deus, com o fim de suavizar teus males. Sinto a aflição de teu coração e quero unir-me às tuas amarguras. Desejas o meu auxílio no teu negócio (*dizer o negócio*), queres a minha proteção para restituir a paz na tua família (*dizer os nomes dos membros da família*). Tens desejo de conseguir algum emprego (*dizer o nome do emprego que deseja*). Queres ajudar alguns pobres, alguma pessoa necessitada (*dizer o nome*), queres a tua saúde ou a de alguém a quem muito estimas? Coragem, que tudo obterás.

Agradam-me também as almas sinceras que tomam sobre si as dores alheias, como se fossem próprias. Mas eu bem vejo como desejas aquela graça que há tanto tempo me pedes. Tem fé que não tardará a hora em que hás de obtê-la. Uma coisa, porém, desejo de ti. Quero que sejas mais assíduo ao Santíssimo Sacramento, mais devoto para com a nossa Mãe, Maria Santíssima, quero que propagues a minha devoção e ajudes meus pobres. Oh! quanto isso me agrada ao coração!

Não sei negar nenhuma graça àqueles que socorrem os outros por meu amor, e bem sabes quantos favores são obtidos por esse meio. Quantos, com viva fé, têm recorrido a mim com o pão dos pobres na mão e são atendidos! Invocam-me para ter êxito feliz em um negócio, para achar um objeto perdido, para obter a saúde de uma pessoa enferma, para conseguir a conversão de alguém afastado de Deus, e eu, por amor dos meus pobres cuja miséria está a meu cargo, obtenho de Deus tudo o que pedem e ainda muito mais.

Temes que eu não faça outro tanto por ti? Não penses nisso, porque prezo muito as prerrogativas concedidas por Deus de ser o Santo dos milagres. Muitos outros, como tu, têm precisado de mim e temem pedir-me, pensando que me importunam. Quanto és tímido, meu bom amigo! Leio tudo no fundo do coração e a tudo darei remédio. Hei de obter as graças, não temas. Agora, volta às tuas ocupações e não te esqueças do que te recomendei. Vem sempre procurar-me, porque eu te espero. Tuas visitas me hão de ser sempre agradáveis, porque amigo afeiçoado como eu não acharás. Deixo-te no Coração Sagrado de Jesus e também no de Maria e no de são José.

SANTO ANTÔNIO: O SANTO CASAMENTEIRO!

Existem três versões:

1) Entre os bascos, santo Antônio é considerado o Santo que faz o *matchmaker*, ou seja, encontra os iguais: o santo casamenteiro. Ele é o Santo que faz o sagrado encontro entre duas pessoas ou o Santo casamenteiro. De acordo com o costume relatado pelo Rev. Francis X. Weiser, publicado em 1958, as moças bascas faziam uma peregrinação no Templo de santo Antônio em Durango, no dia de sua festa, e oravam para que ele encontrasse para elas um "bom

rapaz", a fim de se casarem. Vale dizer que os rapazes bascos faziam a mesma jornada e ficavam do lado de fora do Templo até as moças terminarem as suas preces e, então, eles as tiravam para dançar. Weiser especula também que essa associação entre noivado e casamento é inspirada porque temos várias imagens de santo Antônio carregando um "bebê" (Menino Jesus) nos braços.

2) Outra versão, muito contada pelos antigos, diz que uma jovem, depois de fazer uma novena a santo Antônio e não tendo encontrado noivo, ficou zangada e jogou a estátua do Santo que tinha em seu oratório pela janela, e a mesma caiu na cabeça de um caixeiro-viajante que passava. Este gritou, e ela foi correndo ajudá-lo, levou-o para dentro de sua casa e tratou de seu ferimento. Ele se apaixonou por ela, e se casaram.

3) Conta-se que uma donzela não dispunha do dote para casar-se e, confiante, recorreu a santo Antônio. Das mãos da imagem do Santo teria caído um papel com um recado a um prestamista (pessoa que empresta dinheiro a juros) da cidade, pedindo-lhe que entregasse à moça as moedas de prata

correspondentes ao peso do papel. O prestamista obedeceu e pôs o papel num dos pratos da balança, colocando no outro as moedas. Os pratos só se equilibraram quando houve moedas suficientes para pagar o dote.

ORAÇÃO DOS NAMORADOS – I

Santo Antônio, que sois invocado como protetor dos namorados, olhai por mim nesta fase importante da minha existência, para que não se perturbe esse tempo bonito da minha vida com futilidades e sonhos sem consistência, mas seja aproveitado para um melhor e maior conhecimento daquele ser que Deus colocou ao meu lado e para que ele também me conheça melhor. Assim, juntos, preparemos o nosso futuro, onde nos aguarda uma família que, com vossa proteção, será cheia de amor, de felicidade, mas, sobretudo, repleta da bênção de Deus. Santo Antônio, abençoai este nosso namoro, para que transcorra no amor, na pureza, na compreensão, na sinceridade e na aprovação de Deus. Amém.

ORAÇÃO DOS NAMORADOS – II

Santo Antônio, eu sei que o casamento é uma vocação abençoada por Deus. É o sacramento do amor, porque lembra o amor que une Cristo com a Igreja. Eu me sinto chamada ao casamento. Por isso, meu santo Antônio, ajudai-me a encontrar um namorado bom, amável, sério e sincero, que tenha os mesmos sentimentos de afeto que eu sinto. Fazei que nos completemos um com o outro e formemos uma união abençoada por Deus. E assim, nós dois juntos seremos capazes de superar problemas familiares e conservar sempre vivo o nosso amor, para que nunca falte compreensão entre nós e harmonia em nossa família. Santo Antônio, abençoai-nos, ao meu namorado e a mim. Acompanhai-nos até o altar, e conservai-nos unidos pelo resto de nossa vida. Santo Antônio, rogai por nós.

O PÃO DE SANTO ANTÔNIO ("PÃO DOS POBRES")

Consiste em doações para prover de pão os pobres, honrando assim o "protetor dos pobres" que é santo Antônio. Uma tradição liga esta obra ao episódio de uma mãe cujo filho se afogou dentro de um tanque, mas recuperou a vida graças a santo Antônio. Ela prometera que, se o filho recuperasse a vida, doaria uma porção de trigo igual ao peso do menino. Por isso, no começo, esta obra foi conhecida como a obra do "*pondus pueri*" ("peso do menino").

Outra tradição relaciona a obra do pão dos pobres com uma senhora de Toulon, chamada Luísa Bouffier. A porta do seu armazém tinha enguiçado de tal modo que não havia outra solução senão arrombá-la. Ela fez então uma promessa ao Santo: se conseguisse abrir a porta sem arrombá-la, doaria aos pobres uma quantia de pães. E deu certo. Daí por diante, as petições ao Santo foram se multiplicando em diferentes necessidades. Toda vez que alguém era atendido, oferecia certa quantia de dinheiro para o pão dos pobres. A pequena mercearia de Luísa Bouffier tornou-se uma espécie de oratório ou centro social.

A história do pão de santo Antônio remonta também a um fato curioso que é assim narrado. Santo Antônio comovia-se tanto com a pobreza que, certa vez, distribuiu aos pobres todo o pão do convento em que vivia. O frade padeiro ficou em apuros quando, na hora da refeição, percebeu que os frades não tinham o que comer: os pães tinham sido "roubados". O frade padeiro foi contar ao Santo o ocorrido. Este mandou que verificasse melhor o lugar onde os tinha deixado. O padeiro voltou estupefato e alegre: os cestos transbordavam de pão, tanto que foram distribuídos aos frades e aos pobres. O pãozinho de santo Antônio é, por tradição, colocado pelos fiéis nas latas de mantimentos (arroz, feijão, farinha, trigo, açúcar etc.) em suas casas, com a fé de que, assim, nunca lhes faltará o que comer.

BÊNÇÃO DO PÃO DE SANTO ANTÔNIO

Senhor, Pai Santo, Deus eterno e todo-poderoso, abençoai + este pão, pela intercessão de santo Antônio, que por sua pregação e exemplo distribuiu o pão da vossa Palavra aos vossos fiéis. Este pão recorde aos que o comerem ou distribuírem com devoção o pão que vosso Filho multiplicou no deserto para a multidão faminta, o Pão Eucarístico que nos dais todos os dias no mistério da Eucaristia; e fazei que este pão nos lembre o compromisso para com todos os nossos irmãos necessitados de alimento corporal e espiritual. Por nosso Senhor Jesus Cristo, vosso Filho, pão vivo que desceu do céu e dá vida e salvação ao mundo, na unidade do Espírito Santo. Amém!

ORAÇÃO PARA QUE NÃO FALTE O PÃO

Santo Antônio, amigo dos pobres, peço-vos a graça de nunca faltar pão e alimento em nossa mesa. Prometo-vos, por minha vez, olhar sempre para os mais necessitados, repartindo com eles o pão que nos mandardes, através do trabalho honesto. Ajudai-nos a buscar sempre o Pão vivo que desceu do céu, que é Jesus na Eucaristia. Amém.

BÊNÇÃO DE SANTO ANTÔNIO

(ter nas mãos uma cruz ou crucifixo)

Eis aqui a Cruz do Senhor! Fugi, partes contrárias. Venceu o Leão da tribo de Judá, o Filho de Davi. Aleluia! Cristo vence. Cristo reina. Cristo manda com império. Cristo nos defende de todo o mal. Cristo Rei veio em paz. O Verbo se encarnou e Deus se fez Homem.

– Rogai por nós, santo Antônio.
– Para que sejamos dignos das promessas de Cristo.

Oremos

Ó Deus, nós vos suplicamos que a presença de santo Antônio, vosso confessor e doutor, alegre a vossa Igreja para que, fortalecida sempre com os auxílios espirituais, mereça gozar as alegrias eternas. Por Jesus Cristo, nosso Senhor. Amém!

LÍRIOS DE SANTO ANTÔNIO

Eles simbolizam a pureza de coração, a transparência, a naturalidade casta dos que têm uma forte identidade espiritual e humana; dos que sabem espalhar as suas energias de amor. É o símbolo dos simples, humildes, puros e sinceros. Os lírios lembram as virtudes, sobretudo a fé, esperança e caridade. Dos lírios emanam o perfume das almas santas, a cura, a devoção, a marca da fé. As pessoas os levam para casa e colocam na parede, em vasos, carros, móveis, lugares de trabalho para lembrar confiança e segurança em suas vidas, o conforto, a proteção contra forças contrárias. Na ladainha de santo Antônio, ele é invocado como Lírio da Castidade.

BÊNÇÃO DOS LÍRIOS DE SANTO ANTÔNIO

Ó Deus, Criador do gênero humano, vós amais a virtude e a pureza do coração. Abençoai estes lírios que hoje com devoção vos apresentamos em honra de santo Antônio. Que estes lírios ajudem a despertar no coração de vossos fiéis o amor à virtude e a manterem o coração limpo de toda maldade. A quem levar com devoção este sinal, protegei nas enfermidades, dai muita fé e coragem, e concedei a saúde do corpo, se assim for conforme a vossa vontade. Que estes lírios sejam sinais da vossa graça e da vossa paz. Por nosso Senhor Jesus Cristo. Amém.

SÚPLICAS A SANTO ANTÔNIO

Deus vos salve, meu glorioso Santo Antônio, sacrário do divino Espírito Santo. Alcançai-me dele os dons e auxílios da graça.

Deus vos salve, meu glorioso Santo Antônio, reclinatório do Deus Menino. Consegui-me dele a inocência das crianças.

Deus vos salve, meu glorioso Santo Antônio, amantíssimo filho de Maria Santíssima. Fazei-me também digno filho de tão soberana Mãe.

Deus vos salve, meu glorioso santo Antônio, formoso lírio de pureza. Inspirai-me grande amor a essa virtude.

Deus vos salve, meu glorioso santo Antônio, martelo formidável das heresias. Comunicai-me verdadeira docilidade ao ensinamento da Igreja de Jesus.

Deus vos salve, meu glorioso santo Antônio, luz brilhante do universo. Iluminai a minha escuridão, para que eu fuja das trevas do vício e do pecado.

Deus vos salve, meu glorioso santo Antônio, serafim abrasado no amor de Deus. Inflamai o meu coração neste fogo sagrado, para que arda sempre em suas chamas.

Oremos

Glorioso santo Antônio, que tivestes a sublime ventura de abraçar e afagar o Menino Jesus, alcançai-me do mesmo Jesus a graça que vos peço e hoje vos imploro do fundo do meu coração (*pedir a graça desejada*). Vós que tendes sido tão bondoso com os pecadores, não olheis para os poucos méritos de quem vos implora, mas fazei antes valer o vosso grande prestígio junto a Deus, para atender o meu insistente pedido. Amém.

Reza-se: Pai-nosso, Ave-Maria, Glória ao Pai.

Santo Antônio, rogai por nós.

OS MILAGRES DE SANTO ANTÔNIO

Os dois milagres mais famosos, acontecidos ainda quando santo Antônio vivia, são dois: o da Eucaristia e o da Pregação aos Peixes.

A cidade de Rimini, na Itália, estava nas mãos de hereges. Quando da chegada do missionário, os chefes deram ordem para isolá-lo através de um ambiente de silêncio manifestando indiferença. Santo Antônio não encontra ninguém a quem dirigir a palavra: igrejas vazias e praças desertas. Anda pelas ruas da cidade rezando e meditando. Coloca-se diante do mar Adriático e chama o seu auditório: "Venham vocês, peixes, ouvir a palavra de Deus, já que os homens petulantes não se dignam ouvi-la". Logo apareceram centenas de peixes e o escutavam, saltitando na água. A curiosidade do povo foi grande, foram ver o que estava acontecendo e ficaram maravilhados. Assim, eles se arrependeram e voltaram a entrar na Igreja.

Durante uma pregação, cujo tema era a Eucaristia, levantou-se um homem, dizendo: "Eu acreditarei que Cristo está realmente presente na Hóstia Consagrada quando vir o meu jumento ajoelhar-se diante da custódia com o Santíssimo Sacramento".

O Santo aceitou o desafio. Deixaram o pobre jumento três dias sem comer. No momento e lugar preestabelecido, apresentaram-se santo Antônio com a custódia e o herege com o seu jumento, que já não aguentava manter-se em pé devido ao forçado jejum. Mesmo faminto, deixou de lado a apetitosa pastagem que lhe era oferecida pelo seu dono para se ajoelhar diante do Santíssimo Sacramento.

ÍNDICE